Hochfelden Brigitta

Frivolitäten-Arbeit

Eberhardts Handarbeiten Heft 9

Hochfelden Brigitta

Frivolitäten-Arbeit
Eberhardts Handarbeiten Heft 9

ISBN/EAN: 9783337149741

Printed in Europe, USA, Canada, Australia, Japan

Cover: Foto ©Andreas Hilbeck / pixelio.de

More available books at **www.hansebooks.com**

Heft IX aus der Sammlung „Ebhardts Handarbeiten"

Frivolitäten-Arbeit

Von

Brigitta Hochfelden

Vierte Auflage

Verlag von Franz Ebhardt & Co.
Berlin-Wilmersdorf

Frivolitätenarbeit.

Keine zierlichere Arbeit gibt es, keine, welche sich angenehmer arbeitet, keine, welche ein feines Handgelenk, eine schöne Hand so vorteilhaft zur Geltung brächte, wie die unter dem absonderlichen Namen „Frivolitäten" bezeichnete Schützarbeit. Wahrhaft frivol mag es scheinen, dies Fingerspiel Arbeit zu nennen! Mit lockerem Griff hält die Rechte das Schiffchen, spielend läßt sie es zwischen den leicht gespreizten Fingern der linken Hand hergleiten: das Heben eines Fingers schleift den Knoten, und leichtes Ziehen des Fadens formt die Ringlein, Bogen und Ovale, aus denen das luftige Spitzenwerk entsteht, das wir als Frivolitäten kennen.

Zu Anfang vorigen Jahrhunderts nannte man die Arbeit Occhi (Augen), arbeitete sie in einfacher Weise ohne Ösen, mit weichem Garn und 10 cm großem Schiffchen; eine Reihe von Jahren blieb sie dann vergessen. In den 60 er Jahren vorigen Jahrhunderts aber nahm sie einen neuen Aufschwung: die Schiffchen wurden kleiner, ihre Handhabung eine andere, neue Knoten, die Hinzunahme eines zweiten Arbeitsfadens, sowie die Anwendung von Öschen verliehen ihr einen eleganteren Charakter. Heut erscheint die hübsche Arbeit abermals erneuert; die vielen schönen glänzenden Garne, die Benutzung starken Einlageschnürchens, die Vereinigung mit Häkelei fügen ihr ebenso viele neue Reize hinzu.

Materialien und Arbeitsart.

Jeder feste, widerstandsfähige, nicht dehnbare Faden läßt sich zu Frivolitäten benutzen. Das Schiffchen, welches den Faden trägt, soll nicht schwer sein und kann je nach Stärke des Arbeitsfadens 5—7 cm Länge haben. Es besteht aus zwei, in der Mitte durch Stab verbundenen ovalen Schildern, deren Spitzen sich nahezu berühren müssen, damit sie das zu rasche Abwickeln des Fadens hindern. Gemeiniglich hat der Stab ein Löchlein, durch das der Anfang des Fadens geführt und befestigt wird. Man wickelt so viel Faden auf das Schiffchen, wie die ovalen Schilder zu decken imstande sind. Die Schiffchen werden in verschiedenem Material gefertigt, aus Holz, Horn, Elfenbein oder Perlmutter; allzu leichte Schiffchen sind nicht angenehm beim Arbeiten.

Zum Durchschleifen des Fadens durch eine Öse, wie es an den meisten Mustern vorkommt, bedient man sich einer Häkelnadel; indes leistet auch eine kräftige Nadel denselben Dienst.

Wird mit zwei Fäden gearbeitet, so kann man ein zweites Schiffchen verwenden oder den Einlegeoder Ziehfaden in eine Nadel fädeln, oder auch den Schürzfaden auf ein Knäuelchen wickeln. S. Abb. 8 u. 9.

Die meisten Frivolitäten werden mit einem Faden gearbeitet; der um die linke Hand geschlungene Teil bildet den Schürznoten, der von dem Schiffchen ausgehende die Einlage. Diese muß stets ziehbar bleiben. — Sobald der Faden sich nicht mehr zieht, ist die Arbeit als fehlerhaft erkennbar. Man übe Fadenhaltung, Durchstecken und Anziehen des Fadens genau nach den Abbildungen 2—4 und 6, und man wird bald und leicht die ganze Technik erlernt haben.

Schon nach Beherrschung des Rechtsknotens (Abb. 2 u. 3) lassen sich Bogen und Ringe arbeiten, und es ist klug, diese 2 Bewegungen sicher zu erlernen, ehe man zu weiterem vorgeht. Gemeiniglich wechseln jedoch Rechts- und Linksknoten (Abb. 2 u. 4) und bilden Doppelknoten, wie Abb. 8 sie zeigt. Man verziert die Bogen und Ringe mit Fadenösen, die der Arbeit das Spitzenähnliche verleihen, das sie so beliebt macht; die Abb. 5 und 7 lehren das Bilden und das Anschleifen dieser Ösen.

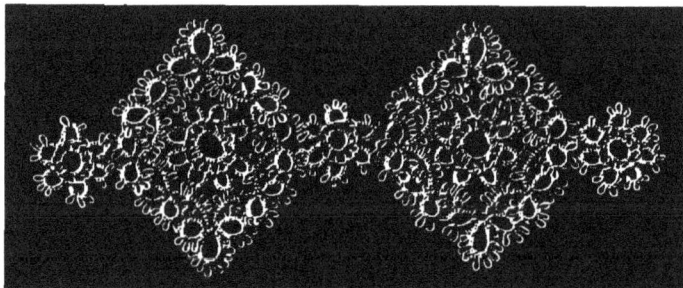

1. Besatzspitze. Siehe Beschreibung 34. Modell 7 cm hoch.

2. Rechtsknoten. Man ergreift das Ende des Fadens zwischen Daumen und Zeigefinger der linken Hand und schlingt den Faden um alle Finger der linken Hand. Mit der rechten Hand nimmt man das Schiffchen, hält mit dem kleinen Finger den Faden zurück und schiebt, der Richtung des Pfeils entsprechend und ohne das Schiffchen zu wenden, das Ende a unter dem Fadenring hin und das Ende b über dem Fadenring zurück. S. Abb. 3.

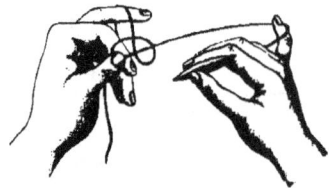

3. Schürzen des Knotens. Nachdem das Schiffchen so um den Faden geschoben ist, muß der Mittelfinger der linken Hand sich heben und die Schlinge bilden, die rechte Hand muß den Faden straff anziehen.

Man übe das Einstecken des Schiffchens, Abb. 2, und das Schürzen des Knotens und mache zu dem Zweck 20 Rechtsknoten; dann ziehe die rechte Hand den Faden an, so daß die 20 Knoten sich zu einem Ring zusammenschieben.

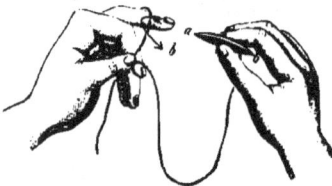

4. Linksknoten. Der Linksknoten unterscheidet sich vom Rechtsknoten dadurch, daß das Schiffchen mit dem Ende a über dem Fadenring hin-, mit dem Ende b unter dem Fadenring zurückgeführt wird. — Das Schürzen des Knotens mit dem Mittelfinger der linken Hand bleibt, wie Abb. 3 es lehrt.

5. Bilden der Ösen. Dadurch, daß man zwischen 2 Knoten ein Stückchen Faden stehen läßt, bilden sich beim Zuziehen der Ringe Ösen, Pikots, welche der Arbeit jenes spitzenähnliche Leichte geben, das ihren besonderen Reiz ausmacht. — Es ist nicht schwer, diese Ösen gleichmäßig lang zu machen, doch mögen Ungeübte sich vorerst einer starken Nadel bedienen, die sie unter den Faden legen, und welche die Größe der Pikots regelt.

6. Das Zusammenziehen eines Ringes. Nachdem eine bestimmte Zahl von Knoten geschürzt ist, je nach Vorschrift des Musters mit oder ohne Ösen, so läßt man die Schlinge von der linken Hand fallen, faßt die Knoten zwischen Daumen und Zeigefinger und zieht den Faden mit der rechten Hand so fest an, daß er — durch die Knoten hindurchgleitend — einen Bogen oder Ring bildet. Nach kürzerem oder längerem Zwischenraum beginnt man alsdann eine neue Figur.

7. Das Anschleifen der Ringe. Die Verbindung der Einzelfiguren untereinander geschieht durch Anschleifen, und zwar holt man dafür mit einer Nadel (oder einem Häkelhaken) den Schlingenfaden durch eine Öse der schon fertigen Figur und führt das Schiffchen durch die Schlinge. Dann geht man wieder zum Schürzen der Knoten über. Der Schiffchenfaden muß auch hierbei beweglich bleiben.

8. Das Arbeiten mit 2 Fäden verschiedener Farbe.　　9. Das Arbeiten mit 2 Fäden verschiedener Stärke.

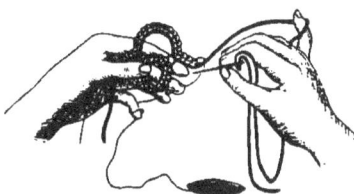

8 u. 9. Das Arbeiten mit 2 Fäden. Will man offene Formen, wie Bogen und gerade Linien, bilden, so braucht man einen zweiten Faden, er kann von derselben Sorte sein wie der Hauptfaden, kann aber auch andersfarbig, besonders bedeutend stärker genommen werden. In diesem Falle läßt sich Allerlei Abwechslung in die Arbeit bringen. Der zweite Faden bildet die Einlage, den Ziehfaden, der Hauptfaden schürzt die Knoten. Man faßt beide Fäden zwischen Daumen und Zeigefinger der linken Hand, legt den Schürzfaden über die Hand und schlägt ihn der sicheren Handhabung wegen einmal um den kleinen Finger. Den Ziehfaden faßt man mit der rechten Hand und arbeitet mit ihm in der beschriebenen Art. Wenn der Ziehfaden nicht sehr lang zu sein hat, so genügt es, ihn in eine Nadel zu fädeln und diese so zu führen wie das Schiffchen.

10. Der Josephinenknoten ist eine Folge von Rechtsknoten, die, zusammengeschleift, ein kleines Knötchen oder — bei größerer Anzahl — einen kleinen Stab ergeben. Man benutzt sie als Verbindung zwischen Ovalen und Ringen, wie auf Abb. 52—54 u. 94.

Notiz: Um die Beschreibungen übersichtlich zu machen, nennen wir nur die Zahl der Knoten und erwähnen die Ösen nicht, die zwischen die Knotengruppen gebracht wird. Es bedeutet demnach „Oval von 4, 3, 2, 8, 4 Dptn." ein Oval von 4 Doppelknoten, 1 Öse, 3 Dptn., 1 Öse, 2 Dptn., 1 Öse, 3 Dptn., 1 Öse, 4 Dptn., oder „Ring von 10mal 2 Dptn." einen Ring von 10mal je durch 1 Öse getrennten Doppelknoten.

11—14. Einfache Spitzchen. Abb. 11 zeigt einen sehr leichten, vielfach gebrauchten Besatz, der sich als Teil von schwierigen Mustern oft wiederfindet (s. Abb. 15), auch als An- oder Einsatz vielfach verwenden läßt. Die Ringe, welche durch je ein Fadenendchen getrennt werden, haben für 5, 5 mal 2 und 5 Dptn.; an Stelle der ersten Öse schleift jeder Ring an die letzte Öse des vorvorigen Ringes. Man wendet die Arbeit nach Fertigstellung jedes Ringes von unten nach oben. — Bei Abb. 12 haben die Ringe 4mal 3 Dptn.; die Mittelöse schleift in eine Mignardise; die Bogen am Außenrande haben 12 Dptn. und sind über Einlagefaden geschürzt, den man für die Ringe fallen läßt. — Der Besatz Abb. 13 besteht aus zwei gleichen Reihen, deren zweite mit ihren Ovalen in die Ovale der ersten Reihe schleifen. Die Ovale haben 2mal 8, die Bogen 6mal 3 Dptn. Man schürzt letztere über Einlagefaden, den man stärker nehmen kann als den Schürzfaden. — Die hübsche Stiefmütterchenspitze Abb. 14 ist mit 2 Fäden gearbeitet. Jedes Oval hat 4mal 7 Dptn. u. schleift mit seinen 3 Ösen an Nachbarblatt bzw. Nachbarblume. Das hängende Ringlein wird nur mit einem Faden gearbeitet, unter Loslassen der Ovalschlinge, die man nachher wieder aufzunehmen hat. Will man es fortlassen, so kann man die Blumen ganz mit nur einem Faden arbeiten.

10. Der Josephinenknoten.

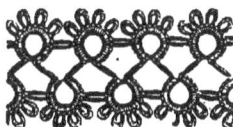

11. Einsatz.

12. Kante an Mignardise.

13. Besatz, in 2 Reihen zu arbeiten.

14. Stiefmütterchenspitze.

— 3 —

15. Spitzchen.

15. Bei dem Spitzchen wechselt immer ein nach oben gerichteter Ring mit einem nach unten gerichtelen; es folgen hier je 2 kleine Ringlein 3 größeren. Erstere zählen 4mal 2 Dpkn., letztere 3, 2, 4mal 1, 2 u. 3 Dpkn. Die erste Öse jedes Ringes schleift an die letzte des vorvorigen. 1ste Häkelr.: 1 f. M. auf die Mittelöse des großen Ringes. 5 Lftm. 1 St. auf die Mittelöse des kleinen Ringes. Die weiteren Häkelr. sind nach der Abbildung auszuführen.

16. Spitze mit 2 Fäden.

16. Man arbeitet zuerst die Bogenreihe als langen Streifen, also 3 Ovale je durch 10 über Einlagefaden geschürzte Knoten getrennt und noch 16 Knoten über Hilfsfaden. Erst die 2te Reihe bildet die Bogen durch das Zusammenschleifen der 3 Ovale und das Anschleifen an die Mitte der 16 Dpkn. Den Verbindungsfaden zwischen den kleinen Ösen der 2ten Reihe umwickelt man der Haltbarkeit wegen mit Nähfäden.

17. Barbe. In schwarzer Seide wie in weißem feinen Garn nimmt sich dies leichte Muster sich gleich gut aus; es arbeitet sich bequem, da man den einfachen Einsatz zuerst in genügender Länge vorbereitet und dann die Sternchen, die je in der Mitte begonnen werden, fertigt und mit ihrem letzten Blättchen an den Einsatz schleift. Alle Fäden müssen fest verknotet werden. Bei unserem Modell war der gerade Mittelteil 50 cm lang; man braucht dazu 1 m und für jedes Endoval noch 25 cm Einsatz. Durch einen Faden schleift man die beiden Einsätze des Mittelteils aneinander. Für den Mittelstreif jedes Endovals macht man 14 Ringlein und schlingt ihre Verbindungsfäden umeinander. 10 Sternchen gruppieren sich darum. Man schleift sie zugleich an den Einsatz. Die Ringe zählen 4, 6mal 2 u. 4 Dpkn., sie schleifen mit ihren äußersten Ösen aneinander. Die Ovale zählen 6, 6mal 2 und 6 Dpkn.

17. Barbe.

— 4 —

18—23. **Sechs Roſetten.** Dieſe Roſetten, ebenſo wie alle anberen in dieſem Buch gelehrten, laſſen ſich ſowohl einzeln auf ober in Stoff ſetzen als auch zu Einſätzen und Spitzen verbinden, wie bie Abbildungen auf folgender Seite es zeigen. Man kann zu ihrer Nachfertigung Glanzgarn, Häkelgarn ober Seibe in einer ober in mehreren Farben nehmen. Die Vorlagen zu unſeren Abbildungen waren um bie Hälfte größer als bie Bilber; an allen 6 Mobellen iſt etwas Häkelarbeit.

18. **Stern über ſtarfer Einlage.** S. Abb. 24. Mit feiner gelblicher Seibe geſchürzt. Ring von 8 mal 2 Dpln. Die Öſen ziemlich lang machen und ben Anfangsfaben als letzte Öſe anſchleifen. 1ſte Tour: häkeln. 8 mal: 2 Lſtm. u. 1 ſ. M., welche von hinten in bie Öſe faßt, ſo baß ſie ſich bteht. 2te Tour: 1 Lſtm. als Übergang. 8 mal: 4 ſ. M. um bie Lſtm. unb 1 Lſtm. 3te Tour: eine ſtarke Einlage nehmen unb barüber ſchürzen: * 1 Seitenoval von 4, 3, 6, 6, 3, 4 Dpln., anſchleifen an bie letzte Lſtm., ·4 Dpln. über bie Einlage, anſchl. an bie folg. Lſtm. — Eckoval von 3, 3, 12, 12, 3, 3 Dpln., anſchl. an bieſelbe Lſtm.; ſpäter an Stelle ber 2 erſten Öſen anſchleifen. — Dreimal von * wieberholen, Einlage unb Schürzfaben gut vernähen.

14—23. **Sechs Sterne. Siehe Abb. 24 u. 26.**

19. **Sechsſtrahliger Stern.** S. Abb. 26. Ring mit 12 Öſen; 1ſte Tour: 12 mal 2 Lſtm. u. 1 ſ. M. von hinten in bie Öſe. 2te Tour: * 2mal 4 ſ. M. um 2 Lſtm., 2 Lſtm. - 5mal wieberholen. Einen ſtarken Einlagefaben hinzunehmen, barüber für bas große Oval ſchürzen: 4, 4, 4 Dpln., bann ohne Einlage bas Seitenringlein von 6, 6 Dpln., über Einlage 4 Dpln. Das obere Ringlein gleich bem vorigen unb bie 2te Hälfte bes Ovals entſprechenb ber 1ſten. Anſchleifen an bie 2 Lſtm. Über Einlage 4 Dpln., bann 1 Ringlein, über Einlage 4 Dpln. Anſchleifen an bie nächſten 2 Lſtm. 5 mal von * wieberholen. Die Fäben gut verknoten ober vernähen.

20. **Roſettchen aus** weißer unb farbiger loſer Seibe. Ring von 10 Dpln. unb 10 langen Öſen. 1ſte Tour: 10mal; 2 Lſtm. u. 1 ſ. M. von hinten in bie Öſe. Einen anbersfarbigen Schürzfaben hinzunehmen unb über ben erſten Faben bie Bogen ſchürzen aus 2, 12mal 1 u. 2 Dpln. Die Einlage an 2 Lſtm.bogen ſchleifen.

21. **Roſette aus** ſtarkem Frivolitätengarn. Über biden Fabenring 8mal: 3 ſ. M., 3 Lſtm. — Über bide Einlage 7 Dpln., ohne Einlage Dreiblatt (nach Abbilbung zu arbeiten), über Einlage 7 Dpln.; anſchleifen, 7mal wieberholen.

22. Kleine Rosette aus farbiger unb weißer Seide in Art der Beschr. 20, nach der Abb. zu arbeiten.

23. Stern aus gelblicher Seide. Starker Fadenring mit 10 mal 2 Stbch., 1 Pik., 2 Stbch. behäkelt, Spinne in der Mitte; im übrigen in Art der Beschr. 21, nach der Abb. zu arbeiten. Die Stäbe haben hier je 12 Dpkn.

24. Besatz nach Muster Abb. 18.
25. Besatz nach Muster Abb. 30.

Breite und passen daher für Kragen u. Taillenbesatz. In Weiß, aus glänzendem Garn gefertigt, würden sie für Blusen aus kräftigem Leinen sich eignen.

Sehr zart u. duftig nehmen die Besätze Abb. 25 u. 27 sich aus. Sie sind mit feinem Garn oder Seide zu arbeiten unb würden sich zusammen als Blusengarnitur sehr hübsch machen.

24—27. Bier Besätze. Wenngleich diese Besätze, je nach dem Material, in welchem man sie arbeitet, zu den verschiedensten Zwecken verwendet werden können, so dürften doch einige Fingerzeige zu ihrer Benutzung willkommen sein. Die beiden über starker, aber weicher Einlage geschürzten Modelle Abb. 24 unb 26 wirken durch ihre

Aus fast allen Einzelrosetten dieses Buches lassen sich Spitzen, Besätze, Grundmuster in Art vorstehender Bilder zusammenstellen.

28. Biereck. Das Mittelfeld wird mit 9 kleinen Vierblattformen gebildet, bie einzeln gefertigt und gut verknotet werden; die Blättchen bestehen aus je 7, 2, 7 Dpkn., haben ganz kurze Osen unb

26. Taillenbesatz nach Stern Abb. 19.

29. Viereck zum Aufsetzen.

27. Blutenbesatz nach Stern Abb. 04.

Festigkeit wie schöne Passementerien unb haben natürlich mindestens deren Wert. In schwarzer Seide nehmen sie sich ganz vorzüglich als Kleidergarnitur aus. Sie messen 4 u. 6cm

schleifen bicht aneinander. Ringsum gehen zwölf Bogen je von Vierblattbreite, an den Ecken von einem Oval unterbrochen. Jede Form hat 6, 6mal 2 und 6 Dpkn. u. schleift an die vorige. Gut verknoten.

29—34. Sechs Einzelformen für Besätze usw. Den Mittelpunkt dieser Formen, bis auf Abb. 32, bilden Ringe von Doppelknoten-Paaren, die je durch ziemlich lange Ösen getrennt werden; in diese Öse häkelt man dann, von hinten einstechend, 1 f. M., von 1 bis 2 Lftm. getrennt. Die Ösen werden dadurch verdreht; bei dem Stern Abb. 30 wiederholt sich dies Drehen der Ösen auch in den 4 Blättchen. Anfang und Ende des Fadens gut verknoten.

29. Rosette aus grauem Leinenglanzgarn. Ring von 10mal 2 Dpln. 1ste Tour: gehäkelt wie vorbeschrieben; 2te Tour: 10 Ovale von 5, 6mal 2 u. 5 Dpln. Vor und nach jeder f. M. vor. T. um die Lftm. schleifen.

30. Sternchen. S. auch Abb. 24. Ring von 8mal 2 Dpln. Gehäkelte Tour wie beschrieben. Oval von 6, 10mal 2 und 6 Dpln.; vor und nach den 2 folg. f. M. um die vor. T. schleifen. 3 mal wiederholen. 3te Tour häkeln; 3 Lftm. ersetzen von 1 Stb., ∗ 11 f. M. mit je 1 Lftm. dazwischen auf die 11 langen Ösen; 1 Lftm., 1 Stb., auf den Ring 1 Lftm. Vom ∗ wiederholen. Außentour über Ziehfaden: Bogen von 3, 2, 2, 3 Doppelknoten und anschleifen, über dem Stäbchen Bogen von 3, 8 Doppelknoten.

31. Längliche Form aus grauem und gelblichem Leinenglanzgarn, was sehr hübsch zusammen aussieht und für Rohseide oder rohfarbenes Leinen vorzüglich paßt. Mittelring grau, aus 12 mal

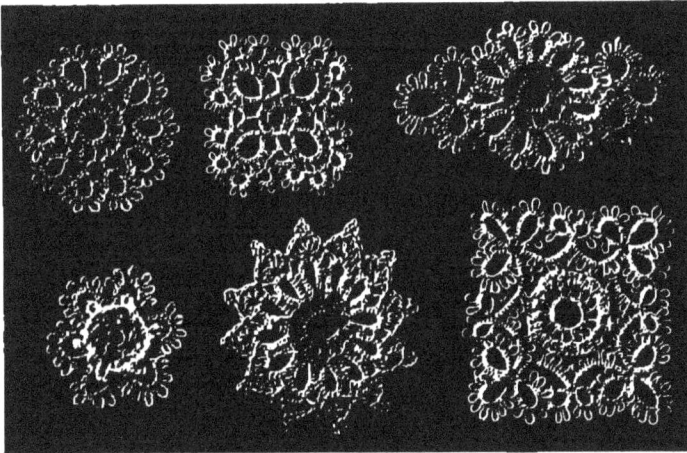

20—34. Sechs Einzelformen für Besätze. Siehe Abb. 23 u. 27 und Abb. 1.

2 Dpln., mit f. M. und Lftm. behäkelt. Gelb: 12 Ovale von 5, 3mal 2 und 6 Dpln., angeschleift vor und nach jeder Öse. Seitliche Dreiblätter, grau, aus 3, 8mal 2 und 3 Dpln.

32. Rosettchen, mit loser farbiger Seide gearbeitet. Ring von 6mal 2 Dpln., Häkeltour von 6mal 2 Lftm. und 1 f. M. Tribolitälenbogen von 3, 7mal 2 und 3 Dpln. Mit heller Seide ist nun 1 Tour f. M. mit je 1 Pikot aus 5 Lftm. und 1 f. M. in deren erste, auf die farbige Häkeltour gehäkelt.

33. Stern mit Häkelrand. Man fertigt eine Rosette genau wie bei Abb. 31 beschrieben und umhäkelt sie mit grauem Faden: 1 f. M. faßt 2 Ösen zweier Ovale zusammen, 3 Stäbchen auf die Mittelöse, 1 Pikot aus 5 Lftm. und 1 f. M., noch 3 Stäbchen auf die Mittelöse. Dieser Stern macht sich in der Wiederholung sehr hübsch.

34. Viereck. S. Abb. 27, auch Abb. 1. Ring von 16mal 2 Dpln., ihn umhäkeln wie oben beschrieben, und über diese Tour hinüber dicht f. M. häkeln. Außentour mit 2 Schiffchen. Eckform von 4, 8mal 2 und 4 Dpln. für die Seitenblättchen, 4, 10 mal 2 und 4 Dpln. für das Mittelblatt; Seitenbogen von 4, 5 mal 2 und 4 Dpln., Seitenringe von 4, 4 mal 2 und 4 Dpln. Anschl. nach Vorschrift. Dieses Viereck, mit Mittelrosette und Verbindung ähnlich der Abb. 75, ergibt auch den hübschen Besatz Abb. 1.

35. Spitze mit Hilfsfaden gearbeitet. Der Mittelteil — auch als Einsatz zu verwerten — zeigt Dreiblätter, abwechselnd nach oben und unten gerichtet. Die Seitenovale zählen 4, 1, 4 mal 3, 1, 4 Dpln., das Mitteloval 4, 8 mal 2 u. 4 Dpln. Die untere kleine 4, 6 mal 2 u. 4 Dpln. Die untere Bogenreihe, über Einlagefaden gearbeitet, hat, wie auch

35. Spitze, mit 2 Fäden gearbeitet.

die von ihr ausgehenden kleinen und größeren Ovale, nach je 2 Knoten eine Öse. Diese wie die Knoten der oberen Bogen lassen sich nach der Abbildung zählen.

37. Rosette.

Nur die zehn offenen Ovale sind an diesem Muster in Frivolitäten gearbeitet; die Spinnen darin wie in der Mitte sind eingenäht, während der Außenrand mit feinem Garn und ganz feinem Haken in vier Touren gehäkelt ist. Zahl und Stellung der Maschen sind aus der Abbildung zu entnehmen.

36. Rosette.

37. Rosette mit Näh- und Häkelarbeit.

36. Rosette. Diese einfache Rosette, welche sich in der Wiederholung als Streif oder Fläche für Besatz, Deckchen, Toilettekissen und ähnliches empfiehlt, besteht aus 3 Kreisen, der letzte über Einlagefaden gehäkelt. Die Ovale des Innenkreises haben verschieden lange Ösen, welche beim Anschleifen scharf gedreht werden und dadurch die 3 Fadenstäbe zwischen den Ovalen bilden. Den Verbindungsfaden des zweiten Kreises hat man noch mit einem Nähfäden zu bewickeln, damit er gleichstark werde wie die Ösenstäbe. — Die Zahl der Knoten wird durch die Abbildung gezeigt.

38. Spitze mit Abschluß in Häkelei. Im Mittelteil der Spitze sind die Ovale wechselnd nach oben und nach unten gerichtet; das links stehende der nach oben gerichteten zählt 3, 2, 2, 1, 4 u. 3 Dpln., bei dem rechts stehenden Oval haben die Knoten die entgegengesetzte Zahlenfolge. Die großen nach unten fallenden Ovale haben 10 mal 3 Dpln., die kleineren 7 mal 3; erstere erhalten Schmuck durch eine eingenähte Spinne. Das Anschleifen der Ovale aneinander und das Einhängen der Pikots der Bogenreihe am Fuß (jeder Bogen hat 4, 1, 4 Dpln.) ist ebenso leicht der Abb. nachzuarbeiten wie die Häkelei.

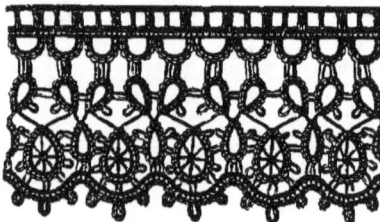

38. Spitze mit Abschluß der Häkelei.

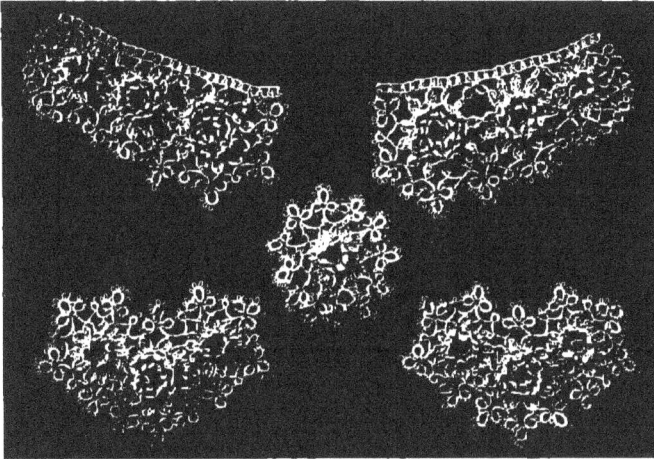

39—41. Kragen und Manschetten nebst Einzelrosette. S. Abb. 42

Die reizende Garnitur zeigt Häkelrosetten mit Frivolitäten umrandet, sie ist mit Häkelgarn Nr. 50 gearbeitet. Ring von 12 Lftm. 1ste Tour: 8mal 2 f. M. um den Ring u. 1 Lftm. — 8 Blättchen von 1 f. M., 1 Lftm., 1 h. St., 1 St., 2 Lftm., 1 St., 1 h. St., 1 Lftm., 1 f. M., alles auf 1 Lftm. vor. T. — 3te Tour: hinter den Blättchen her 8mal 1 f. M. auf die f. M. erster Tour u. 3 Lftm. 4te Tour: 12 Blättchen wie die vorigen, aber statt der h. St. Stäbchen, statt der Stäbchen Doppelstäbchen. 5te Tour: wie 3te, aber 12mal. 6te u. 8te Tour wie 4te, aber mit 2 und 3 Lftm. zwischen den Blättchen; 7te Tour: wie 5te, aber auch mit mehr Lftm., so daß der Boden der Rosette flach bleibt, die Blättchen hochstehen. Diese größte Rosette ist nur in den Vorderecken der Kragenteile angebracht, die anderen Rosetten haben weniger Blättertouren. Die Umrandungsspitze ist mit 2 Faden zu arbeiten, der Kragenrand ist angehäkelt. Abb. 41a zeigt die wirkliche Größe des Modells.

41 a. Kragenecke.

— 9 —

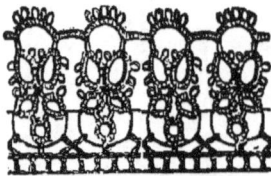

42. Spitze mit gehäkeltem Fuß.

Fünf Spitzen.

Betreffs Zahl der Knoten und Ösen weisen wir auf die Bilder.

42. 1ste R.: Große u. flache Bogen über Einlagefaden, mit nach unten ge-

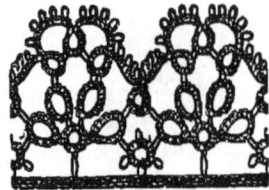

43. Spitze mit Hilfsfaden gearbeitet.

44. Kleiderbesatz, aus Garn oder Seide zu arbeiten.

richteten Ovalen. 2te Reihe: Je 3 kleine Ringe, die an die Ovale schleifen. 43. 1ste R.: Bogen über starken Einlegefaden, mit nach unten gerichteten kleinen Ovalen. 2te Reihe: Ring über feinem Einlagefaden mit 4 davon abgehenden Ovalen; nach langem Fadenzwischenraum Ring mit Ösen. Beide Spitzen haben gehäkelten Fuß. — 44. Für die Einlage in den Bogen kann man den Faden 2- bis 3fach nehmen; die von jedem Bogen ausgehenden 9 Ringe müssen gut abgestuft sein. Der erste Ring schleift an den Bogen der vor. Figur. Nach jedem Bogen wendet man die Arbeit von oben nach unten. — 45. 1ste R.: Dreiblättchen mit Ösen, lange Fadenspange, Oval. 2te R.: Dreiblättchen, sehr lange, an das 3te Blättchen geschleifte Fadenspange. 3te R.: Ovale, die über die Fadenspangen an die Dreiblätter schleifen. 4te R.: gegenständige

45. Spitze mit Dreiblättchen.

46. Spitze mit Medaillons.

offene Ringe. 46. Man arbeitet die Medaillons einzeln, beginnt mit den 2 innern Ovalen, schleift den Faden auf der linken Seite bis zu dem Knotenrand, so daß die 2 Ovale jetzt nach unten gerichtet sind, und macht die 9 Bogen, die aneinander und an die Mittelovale schleifen. Anfang und Ende des Fadens verknoten. Fuß der Spitze: versetzt gegenständige Ringe, durch verschieben lange Fadenenden getrennt.

47. Einsatz. Sterne aus acht schlanken Ovalen, deren Verbindungsfäden zu einem Rädchen zusammengenäht, und die mit einem Öchen aneinander gehängt sind, bilden den Mittelgang des Einsatzes. Von beiden Seiten greift je 1 Oval zwischen 2 Sterne. es folgen 4 Josephinenknoten, anschließen an das nächste Oval des Sterns, 4 Josephsn. — Das weitere ergibt sich aus der Abbildung.

47. Einsatz mit Häkelrand.

48.—50. Drei Spitzen. 48. Mit Schürz- und Zieh-faden, welch letz-terer auch einige Nummern stärker genommen wer-den kann, macht man Bogen von 5, 2, 5 Dpln., große Ringe von 4, 11 mal 2 u 4 Dpln., kleine Ringe von 2, 2, 3 bzw. 3, 2, 2 Dpln. und schleift je nach Abbildg. aneinander. 2te Reihe: von hin-ten in die Ösen stechend: 1 f. M., 1 Lftm. Am obe-ren Rande mehr Lftm., in Bogen-tiefe keine. 3te Reihe: Auf jede Halbrosette: 4 Bo-gen von 9 Dpln. über Hilfsfaden; an- und weiter-schleifen an der Häkelreihe. Ge-häkelter Fuß.

49. Die Ringe mit 11 langen Ösen sind mit 1 Faden gearbeitet und an 9 Ösen behäkelt; die Bogen werden über Ziehfaden geschürzt u. an die Häkelreihe geschleift. 2 ge-häkelte Fußreihen.

50. Sehr ori-ginell ist die klare Ösenreihe über Ziehfaden: 15 mal 2 Dpln. mit langer Öse da-zwischen, Ring von 4 mal 4 Dpln., 2 Dpln. über Ziehfaden, Ring wie vorher. Wiederholen. Von hinten in die Ösen

48—50. Drei Spitzen.

fassend, so daß sie sich drehen, 1 f. M., 1 Lftm. In Bogentiefe keine Luftmaschen. Auf diese Reihe und zwischen jeder Öse an vor. R. schlei-fend: Ringe von 4, 8, 4 Dpln. Die oberen zwei Hä-kelreihen n. Abb.

51. Rosette.

Das Besondere an dieser Rosette ist, daß die Fri-volitätenblättchen des inneren Krei-ses über denen des äußeren lie-gen; die Ösen sind alle ziemlich kurz.

Gehäkelter Mittelteil:

Starker Faden-ring, darüber 12 mal 3 St. u. 1 Lftm. 2te L.: 12 mal 1 f. M., 2 Lftm., 1 St., 1 Dpst., 1 Lftm., 1 Dpst., 1 St., 2 Lftm. 1 f. M., alles um eine Lftm. vor. R. — Über Ziehfaden schürzen: 4, 2 mal 2 Dpln., anschl. an eine Blattspitze, 2 mal 2 u. 4 Dpln. Faden fallen las-sen: 2 Ringe von 4, 5 mal 2 u. 4 Dpln. Wiederh. Außen-tour: Über Zieh-faden 1 Bogen wie beschrieben; 1 klei-ner Ring von 6 Dpln.; 1 zweiter Bogen. Faden fal-len lassen. 2 Ovale von 4, 7 mal 2 u. 4 Dpln. Sie schlei-fen an die klei-nen Ringe, aneinander und an die Ringe des innern Kreises.

51. Rosette mit aufliegenden Blättchen.

52. Rosette mit Josephinenknoten. S. Abb. 10.
Man arbeitet 8 Bogen von 3, 2, 2, 3 Dptn., die man so wenig zuzieht, daß genug Faden bleibt, um mittels Nähfadens den innern Kreis der Rosette zu bilden, der dann mit Langetten bedeckt wird. Zweite Tour. Oval von 3, 3, 5 mal 2, 3 und 3 Dptn., mit den 2 Mittelösen an die letzte und die erste Öse zweier Bogen vor. T. geschleift, 2 Josephkn. von 6 Schlingen; kleines Oval von 4, 3, 3, 4 Dptn., angeschleift wie Abb. zeigt, 2 Josephinenkn. Wiederholen. Dritte Tour. Dreiblatt, 2 Josephkn. Oval von 4, 6 mal 2, und 4 Dp.-tnoten.

53. Rosette mit Josephinenknoten. S. Abb. 10.
Erste Tour. Sechs Ovale von 18, durch 5 Ösen besetzten Dptn. Zweite Tour. Oval von 6, 4mal 2 und 5 Dptn., mit der 2ten und 4ten Öse angeschleift an die entsprechenden Ösen voriger Tour, 1 Josephkn. von 5 Schlingen, Kreis von 24 Dptn. mit 12 Ösen, 1 Joseph.-knoten von 8 Schlingen, anschl. an das Mittelpikot eines Ovals, Josephkn. von 8 Schlingen, Kreis von 24 Dptn., Josephkn. von 6 Schlingen. Wiederholen. Dritte Tour. Mit 2 Fäden. Bogen von 4 mal 3 Dptn. wechselnd mit einem kleinen und einem größeren Oval, ersteres von 4 mal 3 Dptn., letzteres von 2, 3, 3, 2, 3, 3, 2 Dptn. Stellung und Anschleifen ersehe man aus dem Bilde.

54. Einsatz mit Rosette. Das sehr hübsche Muster kann als Spange, Barbe oder fortlaufender Besatz Anwendung finden, auch als Rosette und schmaler Streif einzeln benutzt werden. Die Ringe arbeitet man einzeln in großer Anzahl, läßt an jedem genügend Faden stehen für die Spinne und das Zusammennähen der Ringe. Um die Rosette fügt man die aus 3 Ovalen und 2 langen Josephkn. bestehende Kante; beim Einsatz sind die 3 Ovale durch 2 kurze Josephinenkn. getrennt. Zahl der Pikots und Knoten ergibt sich aus der deutlichen Abb., welche auch den aus 12 Ovalen bestehenden Mittelkreis und das ihn zusammenziehende Näbchen in Spitzenstich erkennen läßt.

54. Einsatz mit Rosette. S. Abb. 10.

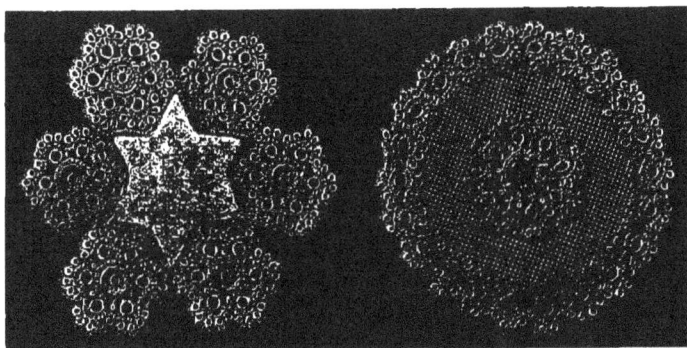

55 und 56. Zwei Deckchen. S. Abb. 69 und Abb. 56a.

55 und 56. Zwei Deckchen. Sie messen 20 cm im Durchmesser; bei Abb. 55 ist der sechseckige Stern aus Stoff hergestellt, jede Rosette 7cm groß. Diese schneidet der Blume Abb. 69. Doch haben sie einen ganz kleinen Mittelring mit 12 verdrehten Ösen, drum herum 2 Häkeltouren f. M., hin und her gehend gearbeitet, u. 1. T. von 24 mal 8 f. M. 1 Pstm. Frivolitäten. ☙ Ring von 8, 8 mal 2 u. nach 8 Dptn., anschl. an 1 Pstm., an die mittelste der 8 f. M. und an die nächste Pstm., 1 Ringlein von 3, 3 Dptn., anschl. wie vorher. Vom ☙ 5 mal wiederh. Häkeltour: abwechselnd 1 Pstm. und 1 f. M. auf jede Öse. Außentour: 4 Ringlein von 4, 4 mal 2 und noch 4 Dptn. und eines von 4 mal 4 Dptn. aneinandert untereinander und an die Pstm, jedes Bogens, vor und nach jeder f. M. — Beim folg. Bogen schleift man zugleich das 8 te Öschen des letzten Ringes an. Man heftet die Rosetten auf den Stoff, langettiert sie fest und schneidet dann den überflüssigen Stoff fort.

Die Rosette im Filetdeckchen Abb. 56 hat 8 R. f. M. in der Mitte, u. von der 8 ten ausgehend Knöpschen von 9 Stäbchen,

welche auf die 1 R. f. M. fassen. Im übrigen ist sie wie die Rosette des vorigen Deckchens gearbeitet. Für die Kante gibt Abb. 56 a die naturgroße Vorlage; man macht den Mittelteil, wie unter Beschreib. 61 genau gesagt wird, indem man einen Frivolitätenring mit 18 langen Ösen fertigt, den Arbeitsfaden in Ösenlänge an den Anfang schleift und nun abwechselnd 1 Pstm. und 1 f. M. auf die 3 nächsten Ösen häkelt. Nach kleinem Fadenraum das kleine, aus 2 mal 8 Dptn. bestehende, nach unten gerichtete Ringlein. 21—23 mal wiederh., zum Kreis schließen und die 2 te Hälfte der Ringe ebenso behäkeln, dabei 1 f. M. auf die Öse der kleinen Ringe häkeln. Die Außentouren nach der Abb. Man setzt die Rosette und Kante mit Saumstichen auf das Filet und schneidet dann den Stoff neben der Naht fort.

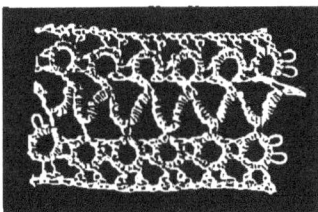

57. Einsatz mit Einlagefaden.

57. Einsatz aus grobem Garn mit 4 f. Einlagefaden. Man arbeitet 6 Doppelknoten auf den 4 fachen Einlagefaden, läßt ihn fallen, macht einen Ring von 7 mal 2 Doppelknoten; wendet und wiederholt fortlaufend. Die Ränder behäkelt man.

56a. Kante zum Filetdeckchen, Abb. 56.

— 13 —

56—60. Drei Kragen.
S. Abb. 61—64.

Alle 3 Kragen sind aus feinem glänzenden Leinenfaden geschürzt; sie wirken sehr hübsch u. apart durch die Zusammenstellung von einfachen u. von über starker Einlage geschürzten Frivolitäten und etwas Häkelei. An dem ersten Kragen ist eine Reihe von 20 Musterwiederholungen ähnlich der Abb. 62 (aber ohne die Ringlein der unteren Reihe) herzustellen, bei der aber die Endmuster so gestellt sind, daß sie eine Ecke bilden. Der Innenteil des Kragens

58—60. Drei Kragen. S. Abb. 61—64.

wird aus 2 Reihen von Frivolitäten über einem Einlagefaden gebildet. Jede Reihe besteht aus Bogen über Einlagefaden von 5 u. 5 Dptn. und Ringen ohne Einlagefaden von 7 u. 7 Dptn. Die obere Reihe schleift an die Ösen der dicken Einlagereihe, die untere Reihe an die Ösen und zwischen die Bogen der vorigen Reihe. Eine Häkeltour begrenzt den Halsrand des Kragens.

Zu dem zweiten, Abb. 59, braucht man 9 Sterne nach Abb. 63. Ring mit 8 Ösen; Ring mit 8mal: 5 Dptn. über starker Einlage und kleines Oval ohne Einlage aus 4, 4, 4 Dptn. Es folgt eine Häkeltour von 1 f. M. auf die 1ste Öse, 3 Lftn., 1 f. M. auf die Mittelöse, 3 Lftn. 1 f. M. auf die 3te Öse, 1 Lftn. 7mal wiederh. Letzte Tour: über starke Einlage 3, 5 Dptn., ohne Einlage 1 Ringlein von 5 Dptn. Anschl. an die Häkeltour; wieder über die Einlage 5, 3 Dptn. Anschl. an die Lftn. zwischen 2 Ovalen. — 7mal wiederh. In der Folge läßt man in den 2 letzten Bogen der Rosetten die kleinen Ringlein fort und schleift dagegen an diejenigen einer schon fertigen Rosette. Sind 9 Rosetten aneinander, so fügt man in deren Bogentiefen je 2 größere u. 1 kleines Ringlein ein; dann folgt eine Häkelreihe von Lftn. u. f. M., die in die Ösen u. die kleinen Ringe faßt. Am geraden Rande wird 1 R. von 2 Stbchen., 2 Lftn. gehäkelt, au

Außenrande 1 R. über starker Einlage geschürzt: 4 Dptn., 1 kl. Ringlein ohne Einlage (3, 3 Dptn.) 4 Dptn., über Einlage; ohne Einlage 1 Ring von 4, 8, 4 Dptn., der an das kleine Ringlein schleift, usw. Unter den Ringen schleift man um die Häkelreihe.

Der Kragen Abb. 60 besteht aus vierstrahligen Formen gleich Abb. 18 aber mit ganz kleinen Ringlein an den 4 Strahlen. Es umgibt ihn eine über seine Einlage gearbeitete Bogenreihe, deren Knoten- und Ösenzahl aus der Abb. 64 zu ersehen ist; ihr folgt 1 Häkeltour wechselnd von 1 Lftm. u. 1 f. M., welche von hinten in

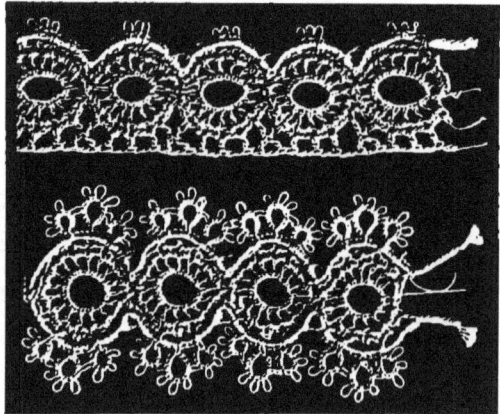

61 u. 62. Zwei Kanten über Einlageschnur.

— 14 —

63. Kragenteil zu Abb. 59.

die Ösen greisen. In Bogentiese verfallen die Lstm. 2te Hälstr. Abwechselnd Lstm. u. f. M. um die Lstm. vor. R. Nur in Bogentiese 3 Ösen überschlagen. Außenreihe: Frivolitäten über starker Einlage, angeschleist an die Lstm., und in den großen Bogen mit Ösen besetzt. Gehäkelter oberer Rand. Die Kragen sind 31—32 cm weit, 5½ cm hoch; Abb. 62 zeigt die Kante zu dem oberen Kragen in wirklicher Größe, die Abb. 63 und 64 stellen die Muster etwas verkleinert dar.

61 u. 62. Zwei Besätze, in Garn oder Seide, weiß oder farbig zu arbeiten. 61. Ring von 16mal 2 Dpln. mit langen Ösen dazwischen. Das Schiffchen mit der Häkelnadel tauschen. In Ösenlänge 1 f. M. um den Arbeitsfaden. 1 Lstm., 7mal: 1 f. M. auf 1 Öse und 1 Lstm. Das Schiffchen wieder aufnehmen, durch die letzte Lstm. stecken, damit der Faden nicht reißt, und 1 Ring machen wie oben; dies fortsetzen bis zu gewünschter Länge u. die 2te Hälfte der Ringe dann ebenso behäkeln. 2te Häkelreihe ringsum: 2 f. M., zwischen 2 Ösen 1 Lstm. Nur in Bogentiese keine Lstm. Außenreihe über starker Einlage: in Bogentiese anschleisen, 5 Dpln., anschl. an die letzte Öse des vor. Bogens. 8, 2, 2, 8, 5 Dpln., dabei anschl., an die Häkelei. Die andere Seite des Bogens mit einer geraden Häkelr. abschließen.

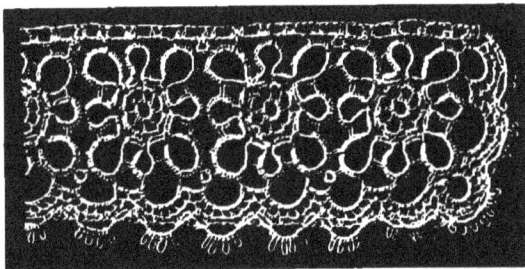

64. Kragenteil zu Abb. 60.

62. Der zweite Besatz wird ebenso angefangen wie der vorige, er hat aber an beiden Seiten Einlage, und von dieser gehen je 3 nur mit dem Schürzfaden gearbeitete Ringe aus. Ihre Knoten- und Ösenzahl ist aus der Abb. zu sehen. Dieser Besatz paßt zu dem Kragen Abb. 58 und könnte für Bündchengarnitur dienen.

Bei diesen beiden Mustern werden die Ösen ziemlich lang gemacht, und man faßt beim Häkeln von hinten hinein, so daß sie sich brechen. Beide Besätze lassen sich in farbigem Garn oder Seide ausführen.

65. Rosette,

Gabelbörtchen und Frivolitäten.

Als Innenkreis ist ein Gabelbörtchen benutzt, dessen nach innen gerichtete 16 Zacken zusammengeschleift und in Spitzenstich durchnäht werden; an die nach außen gerichteten Schleifen bie 16, je aus 8 durch Öse getrennten Dpkn. bestehenden Ringlein an. Diejenigen des Außenkreises haben 10 burch Ösen getrennte Dpkn. und schleifen an das Mittelpikot der Ringe vor. R. Die Rosette dient für den Kragen. Abb. 38.

65. Rosette.
Gabelbörtchen und Frivolitäten.

66. Kleiner Füllstern.

Um das aus 18 Doppelknoten gefertigte Ringle schleift man 6 schlanke Ovale von 3, 3, 4, 4, 3, 3, Doppelknoten dicht unter dem Mittelring her an jeden 3ten Knoten desselben. Aneinandergesetzt bilden solche Sterne hübsche Grundmuster, Einsätze und Füllungen. Das Muster kann zum Kragen, Abb. 67, verwendet werden.

66. Kl. Füllstern.

67. Kragen, s. Abb. 65, auch 66, 12 u. a.

Die Abb. soll Anregung geben zum Zusammensetzen verschiedener Musterteile zu einem wirkungsvollen Ganzen, wie die Vorlage es war; für Umlege- oder Klapptragen, Aufschläge u. dgl. sind die Frivolitäten in hohem Maße geeignet und stehen den kostbarsten Spitzen nicht nach. Man fertigt die Teile zu dem Kragen einzeln auf Grund eines zuvor entworfenen Schnittmusters, auf welchem die Hauptlinien der Zeichnung sich befinden müssen. Das hübsche Modell setzt sich aus dem Hauptteil, 2 Einsätzen und der Kante zusammen. Für den Hauptteil wechseln Rosetten gleich Abb. 65 mit kleineren, bei welchen der Außenkreis der Abb. 65 fortgelassen ist; vierblättrige Sterne, etwa wie an Abb 16, füllen den Raum zwischen den Rosetten. In den Einsätzen wiederholen sie sich und sind von einer einfachen Bogenreihe (wie etwa Abb. 13) begrenzt. An der Kante werden je 2 Rosetten von 1 R. gegenständ. Ringlein (Abb. 11 u. 12, wobei jedoch die innere R. ohne Pikots bleibt) in Bogen umgeben; 8 Sternchen gleich denen der Einsätze füllen die Zwischenräume zwischen den großen Bogen, sie schließen oben mit 1 Ringl. ab. Zahl der Rosetten und Sterne richten sich nach Größe des Musters und Stärke des Garnes.

67. Kragen,
s. Abb. 65, 12, 18 u. a.

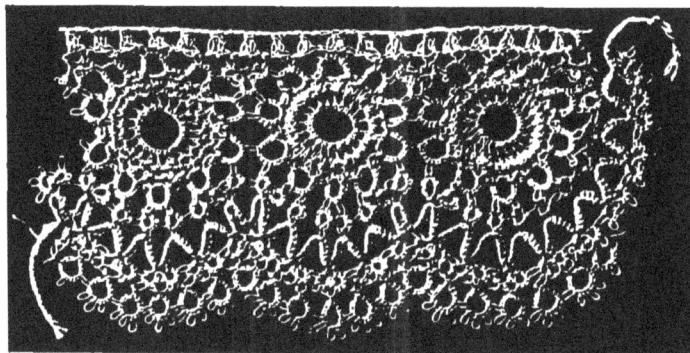

64. Breite Spitze für Bettdecken usw. (Im Modell 8 cm breit.)

68. Breite Spitze für Bettdecken, Fenstervorhänge usw. Die Spitze ist mit starkem gedrehten Occhigarn gearbeitet. Jede Rosette beginnt mit 1 Ring von 40 Dptn. und 20 Ösen. 1ste Häkeltour 20mal: 1 f. M. von hinten in die Öse gesteckt und 1 Lftm. - wenden. 40 f. M. - anschl., wenden, 20mal 2 f. M. 1 Lftm. - Tour mit 2 Schiffchen: 10 Bogen von 4, 4, 4

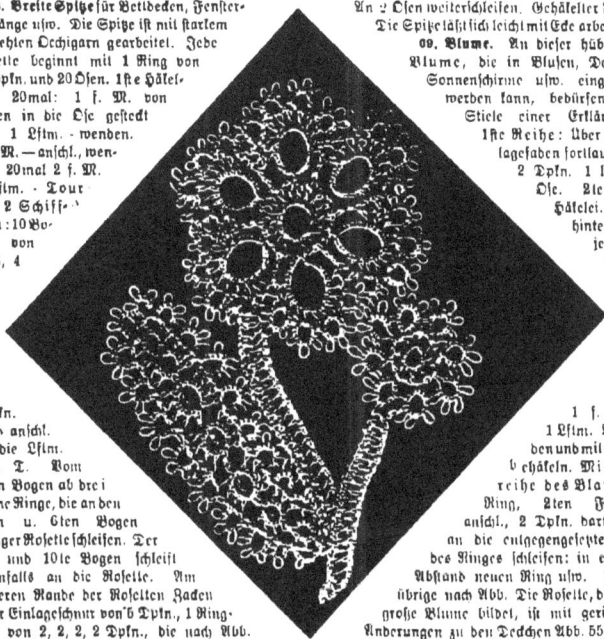

69. Blume

Dptn. und anschl. an die Lftm. vor. T. Vom 8ten Bogen ab drei kleine Ringe, die an den 6ten u. 6ten Bogen voriger Rosette schleifen. Der 9te und 10te Bogen schleift ebenfalls an die Rosette. Am unteren Rande der Rosetten Faden über Einlage schnitt von 6 Dptn., 1 Ringlein von 2, 2, 2, 2 Dptn., die nach Abb. anschleifen; wieder 6 Dptn. über Einlage, - 2 Ringlein, die aneinanderschleifen. Letzte Reihe: Ringe von 4, 2, 2, 2, 2 u. 4 Dptn.

An 2 Ösen weiterschleifen. Gehäkelter Fuß. Die Spitze läßt sich leicht mit Ecke arbeiten.

69. Blume. An dieser hübschen Blume, die in Blusen, Decken, Sonnenschirme usw. eingesetzt werden kann, bedürfen die Stiele einer Erklärung. 1ste Reihe: Über Einlagefaden fortlaufend 2 Dptn. 1 lange Öse. 2te R.: Häkelei. Von hinten in jede Öse 1 f. M., 1 Lftm. Wenden und mit f. M. b häkeln. Mittelreihe des Blattes. Ring, 2ten Faden anschl., 2 Dptn. darüber, an die entgegengesetzte Öse des Ringes schleifen; in etwas Abstand neuen Ring usw. Alles übrige nach Abb. Die Rosette, die die große Blume bildet, ist mit geringen Änderungen zu den Deckchen Abb. 55 u. 56 gebraucht worden; sie würde mit kleinen gehäkelten oder geschürzten Füllrosetten ein schönes u. reiches Grundmuster ergeben.

70. Medaillon.

Man beginnt in der Mitte mit den 4 fünfblättrigen Figuren, die mit ihren 3 kleinen Blättchen aneinanderschleifen; die 2 größeren Blättchen haben jedes 2 Kreise, deren innerer in der Mitte dicht an den äußeren geschleift wird und diesem ein wenig aufliegt. Die Bogenkreise werden mit Einlagefaden gearbeitet, der äußere zuerst, die zwei inneren in ihn hinein, wobei der dritte an die Mittenfigur schleift. Die 3 Bogenkreise, ohne die als untere Zierde daran gearbeiteten Figuren,

70. Medaillon.

daran die 4 Eckfiguren, bestehend aus Ring mit drei davon abgehenden Ovalen. Die Außentour schürzt man über Einlagefaden oder -schnur.

72. Stern.

Man arbeitet den ganzen Stern in einer Tour, spannt ihn auf Papier und näht die Spinne ein, zieht auch für den großen Kreis noch einen Faden ringsum ein. Jedes Äugelchen hat 8 Dpln. mit Ose, man schleift den Arbeitsfaden an diese Ose, ehe man weiter geht. * Vier Äugelchen das letzte an das erste schleifen. 2 nach der Mitte ge-

71. Viereck.

72. Stern.

geben mit den Mittelblättchen eine hübsche Rosette ab, welche mannigfache Anwendung finden kann. Bei der Vorlage sind die unteren Zierrate gleich mitgearbeitet, unter Benutzung des Hilfsfadens. Der mit Ovalen gezierte Halbkreis der oberen Hälfte kann zuletzt angefügt werden. Das Muster ergibt, fortgesetzt, eine reiche Spitze, einzeln einen Krawattenabschluß oder schöne Inkrustationen.

71. Viereck. Man näht zuerst das Kreuz aus Spitzenbändchen und schleift

73. Grundmuster für Decken.

richtete Aug. 1 mal wiederholen, dann 1 Aug., 2 größere Ringe, † 2 Aug., 2 R., 2 Aug. Anschl. an den Faden vor † 2 Ringe, 1 Aug., anschl. - Von * wiederholen. Die Ringe haben 13 Dpln.; sie sind paarweis nebeneinander angeordnet und erhalten nur an ihren Außenleiten Osen.

73. Grundmuster.

Die beiden inneren Ringe, der kleinere mit, der andere ohne Ose, werden mit einem Faden, die 3 Bogenreihen u. das Sternchen zwischen den Rosetten mit 2 Fäden geschürzt. Man arbeite reihenweise schleife die Rosetten je mit dem Bogen aneinander und füge zuletzt die Sternchen ein.

74. Stern. Dieser hübsche Stern ist in der Mitte ganz in Art der Spitze Abb. 48 gearbeitet, ebenso die 8 Rosetten ringsum. Er mißt 12—14 cm im Durchm. und ist berechnet, um die Spitze eines Sonnenschirmes gelegt zu werden, sei es zwecks Verschönerung, sei es zum Verdecken etwaiger Schäden, die ja nur zu leicht diesen Teil der Schirme treffen. Man kann ihn von schwarzer ob. heller Seide machen, je nach Art des Schirms. Abb. 75 zeigt die Arbeit in wirklicher Größe.

75. Breite Spitze. Mit starkem Dechgarn arbeitet sich die Spitze sehr bequem u. leicht; sie sieht übrigens in jedem Material gut aus. Einen starken Fadenring behäkelt man mit 36

74. Stern. S. Abb. 75.

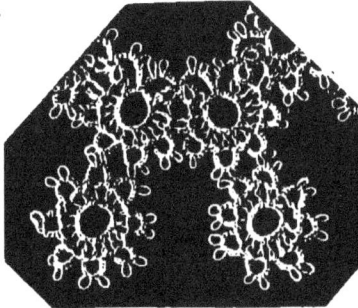

75. Teil von 74; wirkliche Größe.

Dpstbch. 1. Tour über Ziehfaden: 12 Bogen von 4, 4, 4 Dplnoten, anschl. nach 3 Stbchen. 2. Tour: Oval von 4, 8mal 2 und 4 Dpln. Über Ziehfaden 4 Dpln., anschl. an die 2. Öse eines Bogens, 4 Dpln.; Ring von 4, 2, 2, 4 Dpln., der an das Oval anschl., — über Ziehfaden 4 Dpln., anschl. an die 1. Öse des folg. Bogens, 4 Dpln. Wiederholen. Die Rosetten schleifen aneinander, den Bogenrand begrenzen Pikots, den Fuß der Spitze bilden 4 Häkelreihen. Unsere Modellspitze hatte 10 cm Breite; es ist sehr leicht, das Muster zur Ecke zu gestalten, indem man die nächste Rosette im rechten Winkel ansetzt. Der Fuß der Spitze wird dadurch nicht verändert.

76. Breite Spitze.

77—79. Drei Spitzchen.

77. Die Blumen werden einzeln gearbeitet, jede aus 8 gleich-
großen Ringen (deren 1ter u.
nter anschließt an den Verbin-
bungsstaben vor u. nach den 2
mittleren) u. aus einem kleinen,
auf den Stoff genähten Ring,
von dem Stiel und Blatt in
Weißstickerei ausgehen. Die Garnitur ist für bessere Wäsche von
feinem Aussehen. — 78. Die
Einzelfiguren haben je 6 Ringlein
von 4mal 2 Dpkn., die untereinander
mit ihren Seitenösen verbunden und
an ihrer oberen Öse an jedes 2te
Oval der oberen Reihe angehängt
werden. Die Ovale der oberen Reihe,
ebenso groß, sind durch Bogen verbunden, die über Hilfsfäden geschürzt werden und aus 5mal 2 Dpkn.
bestehen. — 79. Man beginnt mit der
Bogenreihe, die aus 8 je durch 1 Öse
getrennten, über Ziehfaden gearbeiteten Doppelknoten besteht; nach
je 2 Bogen wendet man diese nach
unten und arbeitet das Oval
aus: 2, 1, dreimal 2, 1 und 2
Doppelknoten. Das Oval nach
unten wenden und fortlaufend
wiederholen.

Die folgende Reihe bildet
die Spitzbogen, die später mit
eingenähter Spinne gefüllt
werden; auch sie werden über
Ziehfaden geschürzt; um unten
den geraden Teil zwischen den
Bogen scharf zu markieren, läßt man den Ziehfaden hier ein wenig vorschauen; man kann durch
Einschieben einer Stecknadel verhindern, daß man
zu scharf anzieht. Jeder Bogen besteht aus: 1 Dpkn.
für den geraden Teil, 3 Dpkn., anschleifen an die
4te Öse eines Ovals, 7 Dpkn., mit langer Öse
anschleifen zwischen 2 Bogen der ersten Reihe; 7
und 3 Dpkn. Gerader Fuß. Anschleifen an die
Ecke des Bogens, 3, 4, 3 Doppelknoten anschleifen an die andere Ecke des Bogens,
1 Doppelknoten.

77. Spitze mit Stickerei.

78. Spitzchen, mit 2 Fäden
zu arbeiten.

79. Spitzchen, mit Faden gearbeitet.

80. Einsatz mit 2 Fäden.

Die beiden gleichen Hälften,
jede in einem fortlaufenden
Stück, mit 2 Fäden gearbeitet,
werden durch 2 Ösen aneinander-
geschleift und durch ein Faden-
kreuz verbunden; ihre Langrän-
der behält man bei. Der Einlagefaden kann bider genommen
werden als der Schürzfaden, dadurch bekommt das Schnürchen
mehr Körper; das Anschleifen
geschieht ganz dicht an die Knoten
heran, bzw. verborgen hinter dem
Schnürchen. Von oben links ge-
zählt, macht man 50 Dpkn., mit Öse
nach dem 12. u. 22., schließt den
ersten Ring durch Anschleifen an
den 15ten letzten Dpkn., läßt ein
kleines Stückchen Faden stehen,
macht den 2ten Ring ebenso groß.
schleift über das stehengelassene
Fädchen hinüber und macht 14 Dpkn.
Jetzt läßt man den Einlagefaden
fallen u. arbeitet mit dem andern
das kleine Mitteloval, worauf man
mit 5, 4mal 3 Dpkn., durch
Ösen getrennt, über Einlagefaden weitergeht, an den 2ten
Ring schleift u. nach den 5 Dpkn.
das l. befindliche Oval schließt.
Die Fäden führt man unter b.
Schnürchen und arbeitet in
umgekehrter Folge die zweite
Hälfte des Musters.

81. Besatz aus schwarzer Seide.

Die vierblättrigen Formen,
sowie die kleinen, mit 8 Ösen besetzten Ringlein
sind als Frivolitäten geschürzt, die hindurch ge-
schlungenen Ringe aber sind eingehäkelt, u. zwar
liegt die linke Seite der Häkeln. obenauf. Der Schluß
der Häkelei wird unter den 2 obenaufliegenden
Ovalspangen angebracht, wo man mit dem Arbeits-
zugleich die Ringe an die Ovale näht. Die Ovale
schleift man, ohne Ösen zu machen, mit dem 1ten,
3ten u. 5ten Dpkn. dicht an die entsprechenden
Knoten des Nachbarovals; dadurch erhält die Borde
Festigkeit u. kommt ihr Muster zu klarem Ausdruck.

80. Einsatz mit Hilfsfaden.

81. Besatz aus schwarzer Seide.

82. Fensterschleier.

Das hübsche Mo-
dell ist aus Filetfüll,
50/60 cm groß ge-
fertigt und oben in
5 Bogen ausgeschnit-
ten, die mit einer
Frivolitätenborde
gleich Abb. 56a be-
randet und 8 cm tiefer
mit ebensolcher besetzt
sind. An 3 Seiten
läuft ein 1½ cm brei-
ter Saum und daran
1 Käntchen von ab-
wechselnd 1 Ring und
1 Bogen, letztere über
Einlagefaden. Eine
Rosette, gleich dem
Viereck von Abb. 1,
und 3 Schmetterlinge
zieren den niedlichen
Vorhang. DieSchmet-
terlinge sind ganz in
Weiß nach Abb. 83,
9 cm groß gearbeitet;
unter ihnen, der Ro-
sette und den Kanten
ist der Stoff fortge-
schnitten.

**83 u. 84. Schmetter-
ling und Libelle.**

Zu den Modellen
ist schwarze u.
weiße Seide
genommen;
die Umran-
dung jedes
Flügels be-
steht aus
einem Känt-
chen von ab-
wechselnd 1
weißen Ring
und einem
schwarz-
beschürzten
Bogen; die
Ringe haben
3, 2, 2 und
3 Dpln., die
Bogen9Dpl.-
Man fertigt
davon für je-
den großen
Schmetter-
lingsflügel17,

82. Fensterschleier.

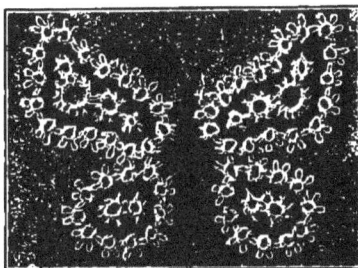

83. Schmetterling.

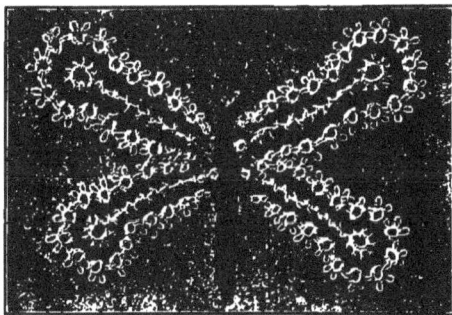

84. Die Libelle.

für jeden kleinen 11
Ringe, schließt An-
fang und Ende und
arbeitet dann die wei-
ßen Füllringe hinein.
Wenn man die For-
men nicht aus freier
Hand machen kann,
muß man sie sich etwas
vorzeichnen. Der Leib
des Schmetterlings be-
steht aus betwas schup-
pig übereinanderge-
schobenen Ringen,
der Kopf aus 1 Ring,
die Augen aus kurzen,
die Fühler aus sehr
langen, scharf gedreh-
ten Ösen, die Brust
aus 3 Bogen. Etwas
Geschicklichkeit gehört
dazu, die Geschöpfchen
niedlich zu formen,
aber das erhöht ja
nur den Reiz der
Arbeit. Unsere Ab-
bildungen geben nur
¾ der Größe der
Modelle. Bei der
Libelle hat der
Leib 6 Ringe, die
Füllung der Flügel
besteht aus einem
Ring und einer
Mittelrippe von
wechselnd
1 Dp.knoten
und 1 Öse;
man fängt
mit derRippe
an u. arbeitet
drum herum
die Kante
wie vorbe-
schrieben,
wobei man
die Ösen beim
Anschleifen
dreht. Als
Einsatz in
einen
Lampen-,
auch in einen
Sonnen-
schirm
würden die
Tierchen sich
hübsch aus-
nehmen.

85. Jacke, als Besatz zu verwenden. Mit einem Faden zu arbeiten. Die Verbindungsfäden zwischen den Ovalen und an den Bogen sind bei diesem Muster benutzt, um daran die Näharbeit, welche das Besondere an dem Modell ist, anzubringen. Nachdem die Frivolitätenarbeit geschürzt ist, spannt man sie auf ein mit der Musterzeichnung versehenes Papier und stickt nun die Spitzenstiche ein. Diese bestehen hauptsächlich aus Gipürestopfarbeit, für welche neben dem schon vorhandenen Faden aus den Frivolitäten noch 1 oder 2 Fäden vorgespannt werden müssen. Alle 3 Rosetten haben als Mittelpunkt ein Ringlein von 8 Ösen;

86. Einsatz mit Rosetten.

1ste Tour: Oval von 10 Dpkn., anschleifen an 1 Ringöse, 10 Dpkn., zuziehen. — 2 cm Faden stehen lassen, anschl. an die nächste Ringöse, 2 cm Faden stehen lassen. Dreimal wiederholen. Bei der kleinen Rosette fügt sich hieran gleich die Bogentour, bei den größeren liegt noch eine Tour ähnlich der beschriebenen dazwischen.

86. Einsatz mit Rosetten. In den mit Ösen besetzten Mittelring fassen die Verbindungsfäden der ersten Tour, welche 8 Ringlein von 6 Dpkn. mit 1 Öse hat. Die folgende Tour, mit 2 Fäden zu schürzen, hat Bogen von 3 Dpkn., 4 durch Ösen getrennte Dpkn. und 3 Dpkn. Mit kurzen und langen gehäkelten Stäbchen faßt die Umrandungsreihe in die Ösen, wie die Abb. zeigt.

85. Jacke, als Besatz zu verwenden.

87. Barbe, mit Spitzenstichen. Man bereitet das aus einfachen, je mit 7 Ösen besetzten Ringlein bestehende Börtchen in bedeutender Länge vor, heftet es auf ein mit dem Muster versehenes Papier und stickt die Spitzenstiche ein. Die Bogen vermindern die Zahl der Ringlein von 19 für die beiden untersten bis auf 13; nachher wachsen sie wieder an. Den Mittelpunkt der Barbe bildet ein Oval.

87. Barbe, mit Spitzenstichen.

88—90. Drei Spitzchen.

88. Man fertigt eine gewisse Anzahl 6blättriger Blumen, deren Endfaden man fest und sauber vernotet. Die Verbindung bilden kleine Ringe, die mit verschieden langen Ösen an die Blumen

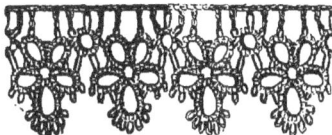

88. Stiefmütterchenkante.

92. Spitze mit Näharbeit.

Man arbeitet die gerade, mit Hülsfaden geschürzte Kante und die für jede Zacke erforderlichen 16 Ringe, reißt jeden Faden ziemlich lang ab, spannt die Frivolitäten auf ein mit den Haupt

89. Spitzchen mit Häkelarbeit.

blättchen geschleift werden. Eine Reihe von Lftm., f. M., Stäbchen bildet den geraden Fuß.

89. Die Ringe haben 16 je durch Öse getrennte Dptn. Nach

linienversehenes Muster u. führt mit dem Arbeitsfaden die Spitzenstiche aus. Die Ringe der geraden Kante haben 2, 8 mal 1

90. Spitzchen mit Häkelei.

dem Zuziehen jedes Ringes vernotet man die Fadenenden. 1ste Häkelreihe: 1 f. M. auf 1 Öse, * 5 Lftm., 1 f. M. auf die drittfolgende Öse desselben und auf 1 Öse eines neuen Ringes, 5 Lftm., 1 f. M. auf die drittfolgende Öse des neuen Ringes. Von * wiederholen. Die weiteren Häkelreihen sind der Abb. nach auszuführen. — 90. Man beginnt mit den an ihren äußersten Ösen aneinander geschleiften Ovalen, deren jedes 4, 6 mal 1 u. 4 Dptn. zählt, und die durch 1 cm Faden getrennt stehen. In diese Fadenbogen fassen die je durch 5 Lftm. getrennten 2 f. M. der ersten Häkel. 2te Häkelreihe: 2 f. M. auf die f. M., 7 Lftm. 3te Häkelreihe wie 1ste, 4te wie 2te. 5te Häkelreihe: 4 Lftm., 1 f. M.

91. Viereck.

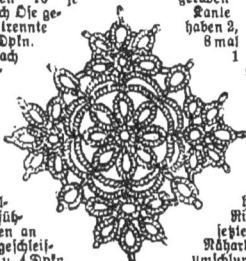

91. Viereck.

und 2 Dptn., ihre Verbindungen 6. Die Ovale des äußeren Bogens haben von 10 bis 30 Dptn.; ihre Ösen je durch 2 Dptn. getrennt, befinden sich nur in der oberen Hälfte, das kleinste Oval hat deren 5 die folgenden 6, 7, 7, 8, 9, und wieder herabgehend weiter. Bei den Ringen des inneren Bogens besetzten die Ösen ²⁄₃ des Umkreises. Die Näharbeit besteht aus langen, mehrfach umschlungenen Langetten, deren je 3 eine Gruppe bilden. Der Schürzfaden selbst wird auch noch mal mit Faden umschlungen.

93. Spitze mit Litze.

Man bereitet die Sternchen u. Ringlein in beliebiger Anzahl einz. vor u. läßt an jedem genügend Faden, um sie, nachdem man die Litzen auf ein mit Vorzeichnung versehenes Papier gespannt hat, an

92. Spitze mit Näharbeit.

Das Muster nimmt sich, in kräftigem gelben Faden, für Schoner, auch als Einsatz in Vorhänge aus Kongreßstoff usw. sehr gut aus und wäscht sich gut. Man arbeitet nach der Abb. mit 1 u. 2 Fäden.

den betreffenden Stellen einzunähen. Die obere Seite der Näharbeit wird die linke. Oberer und unterer Rand, beim Modell mit der Nadel gearbeitet, kann auch angehäkelt werden.

93. Spitze aus Litzen, Näharbeit und Frivolitäten.

Die Zusammenstellung von Spitzenband und Frivolitäten-Sternen ist eine glückliche, vorausgesetzt, daß die Materialien in der Stärke zueinander passend gewählt werden. Man fertigt die Frivolitätenteile für sich, paßt die Kreise aus Band der Sterngröße an, verbindet die beiden Bänder durch verschlungene Langetten und näht dann die Sterne ein und das Käntchen an. Beide sind mit nur einem Faden gearbeitet, und der Verbindungsfaden der Bogen wird mit überwendlichen Stichen an das Band genäht. Die Verbindungsfäden der kleinen Bogen in erster Tour werden so lang genommen, daß man sie zu dem vorgezeichneten Rädchen benutzen kann, indem man sie mit Nähfaden zusammenzieht und dann den Kreis beschürzt. Hinsichtlich Stellung und Zahl der Ösen und Knoten darf auf die Abbildung gewiesen werden, ebenso in bezug auf die Häkelarbeit, welche noch Abschluß von Frivolitätenbogen hat.

94. Bordüre für ein Deckchen.